ADRESSE

DE LA SECTION

DES CHAMPS ÉLYSÉES

A LA

CONVENTION NATIONALE

Arrêtée en l'Assemblée générale dans la Séance du 10 Fructidor de l'an troisième de la République et présentée le 11 du même mois à la barre de la Convention.

A PARIS.

————

L'AN III.

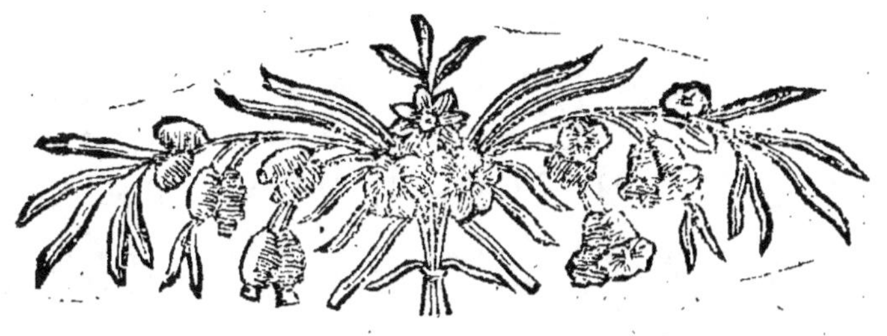

ADRESSE

DE LA SECTION

DES CHAMPS ÉLYSÉES

A LA

CONVENTION NATIONALE

REPRÉSENTANS DU PEUPLE,

UN grand jour s'approche, celui
où le Peuple Français exercera sa
souvéraineté si long - tems méconnue, l'exercera pour s'imposer à

A

lui - même le joug des lois , pour accepter une Constitution qui doit mettre le terme à tant d'agitations et de malheurs. Il sera beau le jour où le Peuple Français pourra dire : la révolution est terminée. Enchaînons sous des portes d'airain , la révolution , et ses fureurs et ses désastres ; malheur à qui voudra rouvrir ces portes que le Peuple aura fermées de ses mains puissantes !

N'attendons que du tems la perfection de nos lois. *Le bien* , a dit le sage et malheureux Bailli , *le bien dans la nature physique et morale ne descend du ciel sur nous que lentement, peu à peu* ; j'ai presque dit goute à

goute. Mais tout ce qui est subit,
instantané, violent, est une source
de maux.

Représentans du Peuple, si près
de ce jour qui doit clôre la révolution, nous ne sommes pas sans
allarmes sur des causes qui peuvent
la ranimer, qu'il dépend de vous
de faire cesser. L'acceptation de la
Constitution doit être simple; elle
le sera sans doute comme elle sera
unanime; nous pouvons l'espérer
ainsi. Mais le décret qui ordonne
le renouvellement par tiers seule-
ment de la Convention Nationale,
est une source d'embarras et de divisions. Cette disposition si sage,

quand elle s'applique d'une Législature à une Législature, cesse de l'être, quand elle s'applique d'une Convention à une Législature. Il est naturel à des hommes Libres de concevoir des inquiétudes et de l'ombrage d'un pouvoir immense et sans bornes, tel que celui qui vous a été confié. Sa prolongation, sous un autre nom, est toujours effrayante. Pouvez - vous vous assimiler à une Législature qui sera assujetie à une Constitution, qui n'aura qu'un pouvoir distinct et sagement balancé entre deux corps, qui sera surveillée elle-même; vous qui avez tout réuni dans vos mains, le pouvoir de faire les lois, celui de les réviser, celui de les changer, celui de les exécuter ?

Le sort a voulu que votre histoire se trouvât partagée entre deux époques ; l'une où vous fûtes opprimés par des tyrans, l'autre où vous êtes libres. La première est signalée par toutes les horreurs et les désastres ; la seconde l'est par des bienfaits ; et elle vous appartient. Mais les tyrans qui vous opprimèrent, étaient pris dans votre sein. C'est dans votre sein qu'ils trouvèrent leurs complices. Où s'arrête le nombre de ces complices ? Voilà ce que ni vous ni les assemblées primaires ne pouvez déterminer avec précision. Comment régler le choix que vous prescrivez ? Il semble que le sort ait voulu multiplier comme à plaisir les embarras pour l'exécution de ce décret. Il est tel Département dont la députation entière, composée des honorables adversaires des tyrans, a péri sous leurs coups. Il en est tel autre dont la députation s'est rangée toute entière sous les étendarts des tyrans. Comment voulez-vous que dans ces deux cas, les Électeurs ne nomment pas à la totalité de la députation de leur Département, si vous prescrivez un autre mode ? Les Départemens ne sont plus représentés ; et d'ailleurs les Électeurs se trouveraient - ils assez instruits sur la moralité d'hommes qui leur seraient à peu - près inconnus ? Qui peut prévoir les embarras , les dissentions qu'entraînera une telle mesure ? Ne compromettez -vous pas par là la paix publique au moment où elle va s'affermir ?

Il nous reste à exposer une crainte sur un autre objet. N'avez-vous pas remarqué quel soin on met aujourd'hui à exciter des divisions entre les citoyens de nos armées , et les citoyens de l'intérieur ?

Vous n'ignorez pas que des soldats égarés ont fait couler à Nantes le sang des citoyéns. Que nous présage un tel attentat ? Hâtez-vous d'en arrêter les suites funestes. Vous vous hâterez sans doute aussi de calmer les allarmes qui se répandent sur des mouvemens de troupes dont on assure que Paris est environné. Il ne faut pas qu'on voye paraître les enseignes de la terreur (*) au mi-

(*) On a pris occasion de cette phrase, qui ne présente qu'un sens figuré , pour supposer aux citoyens de la Section des Champs Élysées des intentions dont ils sont

lieu de ces délibérations dans lesquelles le Peuple va exercer sa souveraineté. Veillez, Législateurs ; songez combien le despotisme mi-

---

incapables. On s'en convaincra aisément par la simple lecture de l'Adresse. D'ailleurs cette Section a fait ses preuves ; elles sont consignées dans son arrêté du 20 Mai 1793 ; dans sa protestation contre la nomination d'Henriot, contre le 31 Mai dont elle a failli être la victime toute entière ; dans sa conduite, les 9 Thermidor, 12 et 13 Germinal. Ce sont ces mêmes hommes à qui l'on a dit qu'ils ne se *montraient qu'au spectacle*, qui le 4 Prairial formaient le premier peloton de Grenadiers en avant au Fauxbourg Antoine. Ce sont les mêmes citoyens à qui Thibodeau Président de la Convention a dit le 4 Germinal : *La Section des Champs-Élysées est au-dessus des*

litaire est à craindre pour les Ré-
publiques. Rome y a trouvé le
tombeau de sa Liberté , lorsque
Rome comptait encore un Cicéron
et un Caton. La carrière qui vous
reste à parcourir , est bien courte
pour le nombre des bienfaits que
vous avez à répandre. Craignez
de perdre un seul instant ; et
venez ensuite , venez avec con-

---

*traits de la calomnie. Le zèle qu'elle a montré
pour la révolution , son attachement pour la
Représentation Nationale , ne laissent aucun nuage
sur son patriotisme. Les inculpations de la mal-
veillance honorent les défenseurs de la justice et
de la liberté.*

Signé *LAMAIGNERE* Président

fiance vous présenter au suffrage du Peuple. Méritez son choix, et né le commandez pas.

Signé LAMAIGNERE, Prés.
HOCHET; Secrétaire *par interim*.

De l'Imprimerie du JOURNAL DU MATIN DE LA RÉPUBLIQUE FRAN-ÇAISE, rue Nicaise, N°. 502.